SOMMAIRE

N° 155 · Août - septembre 2024

Qui s'installe dans le nid des autres ?

Va vite page 24

DE SAISON

À TOI DE JOUER !

POSTER 2 EN 1

BD

ENTRE NOUS

+web salamandrejunior.org

Ce logo indique qu'une surprise t'attend sur le site : vidéos, sons, défis à relever, activités à télécharger...

ESPADON
le poisson-épée !

Messages entre Sam et Espadon, aujourd'hui 7h28

Sam

Salut Espadon ! Quel drôle de nez !

Espadon

Salut Sam ! Ce n'est pas un nez, c'est un rostre : il me sert à tuer mes proies comme les maquereaux et les harengs, mais je me nourris aussi de crustacés et de calmars, miam ! 😋

Sam

Quelle longueur !

Espadon

Oui, il fait un tiers de ma taille ! Il est un peu aplati comme une épée. D'ailleurs, mon nom vient de l'italien *spadone* qui signifie « grande épée ».

Sam

Et tu te bats parfois avec ton épée ?

Espadon

J'ai la réputation d'être agressif, d'attaquer les mammifères marins, les bateaux ou les sous-marins ! Mais ces accusations manquent de preuves.

Sam

Tu nages vite dis-donc !

Espadon

C'est vrai : je peux faire des pointes de vitesse à 110 km/heure ! Mais en moyenne, je me déplace à 40 km/heure : c'est pas mal, non ? 😉

Sam

Et tu te déplaces beaucoup ?

Espadon

Oui ! Chaque jour, je « fais l'ascenseur » : la nuit, je reste en surface et le jour, plouf ! Je descends de 400 à 600 mètres de profondeur. D'ailleurs, j'y vais ! Ciao !

Sam

Salut l'Espadon. Bonne plongée !

UN SOLITAIRE

L'espadon, plutôt solitaire, vit dans les mers et les océans tempérés ou chauds partout sur la planète. Il peut mesurer jusqu'à 2 mètres et peser entre 115 et 160 kilos.

SUPER-VISION

Ce grand poisson a un système de chauffage spécial « yeux et cerveau » qui les maintient 10 à 15 degrés au-dessus de la température de l'eau. L'avantage ? Une super-vision qui lui permet d'être un redoutable prédateur.

PÊCHE À L'ESPADON

La chair de l'espadon est vraiment appréciée en cuisine et les adeptes de la pêche sportive aiment se mesurer à lui. En mer Méditerranée, sa pêche est réglementée depuis 2016 pour le protéger.

Photos : © Ralph Pace - Nature Picture Library (p. 4), © Paulo de Oliveira - Biosphoto (p. 5).

+web salamandrejunior.org

Découvre l'espadon en vidéo.

Il te faut

30 feuilles de roseaux (typha ou massette)

défi 1

TRESSE une natte en roseau

À faire avec un adulte

Lance-toi dans le tressage végétal et fabrique une petite natte pour ta cabane.

1. Pose 15 feuilles côte à côte sur une table en gardant un petit espace entre chacune.

2. Prends une nouvelle feuille et glisse-la perpendiculairement en la passant au-dessus, puis en dessous des autres.

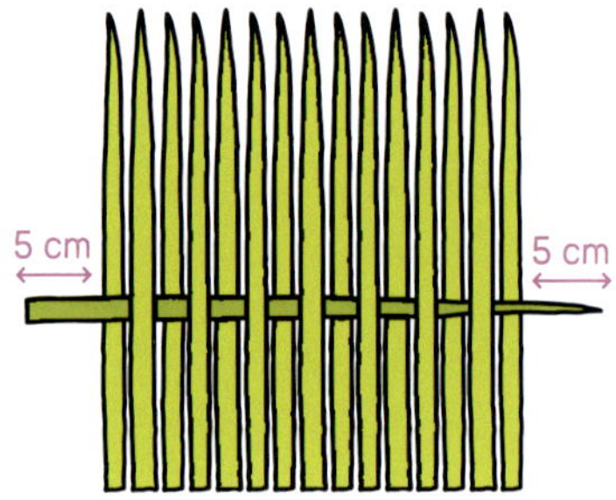

3. Continue d'entrelacer les feuilles restantes de la même façon. Serre-bien !

4. Avec les ciseaux, coupe les lanières trop longues sur le pourtour de la natte.

5. Fixe les 4 coins avec une agrafeuse, sinon ton tissage va se défaire très vite.

Et voilà, ta natte est prête !

Astuces

- Cherche les roseaux typha ou massette (appelés aussi quenouilles) dans les fossés humides et au bord de l'eau. Leurs graines forment une sorte de saucisse.
- Au début, c'est un peu compliqué de maintenir chaque feuille, mais tout ira mieux au fur et à mesure. Si tu veux une natte plus grande, tu peux continuer ton tissage avec d'autres feuilles.

défi 2

PRÉPARER du beurre aux fruits

À faire avec un adulte

Des mûres ramassées dans la haie, des pommes du verger : c'est sûr, tu vas craquer pour cette pâte à tartiner fruitée.

Il te faut

- 700 g de pommes
- demi-verre de jus de pomme (ou eau)
- 50 g de miel (ou sirop d'érable)
- 120 g de mûres
- chinois
- mixeur
- fourchette
- 70 g de beurre doux
- petits pots

1. Épluche et coupe les pommes en petits dés. Mets-les à cuire dans une casserole avec le jus de pomme et le miel.

2. Écrase les mûres dans un grand bol et filtre la pulpe au chinois.
3. Verse le jus filtré dans la casserole avec les pommes. Porte à ébullition et laisse cuire environ 40 min à feu doux en mélangeant souvent.

4. 3 minutes avant la fin de cuisson, ajoute le beurre et laisse tiédir. Mixe le tout, puis verse dans les petits pots.

Hop ! au frigo. Trop bon, tartiné sur du pain au goûter ou au p'tit déj.

Photo : © Hachi888 - Shutterstock.

Astuces

- Préfère les pommes vieilles, ramollies ou à chair fondante (comme la Belchard ou la Reinette grise). Plus l'eau des pommes et des mûres va s'évaporer, plus ta recette aura la consistance du beurre.
- Tu peux conserver ton beurre fruité 10 jours au frais !

défi 3 ENTRE dans une feuille

Trouve une grande feuille de châtaignier.

Retire la nervure centrale avec ton canif (demande à un adulte de t'assister). Découpe la feuille en accordéon en suivant les petites nervures sans aller jusqu'au bord.

Terminé ? Déplie ton découpage et confie-le à ton assistant : poste-toi à quelques mètres de façon à passer tout entier au travers. N'oublie pas la photo !

ASSISTER à la super Lune défi 4

Lève le nez : ce sera la pleine lune mais elle apparaîtra plus grande et plus brillante car c'est le moment où elle est la plus proche de la Terre.

défi 5 VISITER un château

À l'occasion des Journées européennes du patrimoine, participe à une visite culturelle les 20, 21 et 22 septembre.
Profites-en aussi pour repérer les indices de présence des chauves-souris (mini-crottes noires brillantes) ou de rapaces (longues fientes blanches) : ils adorent les bâtiments historiques.

défi 6 JOUER aux 7 différences

La bruyère cendrée et la callune poussent dans les coins les plus secs et ensoleillés de la forêt. Apprends à les reconnaître.

Bruyère cendrée

Callune

IMITER la chouette hulotte

défi 7

Joins tes mains et souffle entre tes deux pouces pour reproduire le chant de la hulotte (souvent utilisé dans les films pour évoquer la nuit dans la forêt). Sois patient et entraîne-toi pour trouver le truc.

RENCONTRER un chevalier

défi 9

Prends tes jumelles et scrute les bordures de rivières et d'étangs : dans la vase, le chevalier guignette et le chevalier culblanc y font très souvent des haltes durant leur migration. Ce sont des petits oiseaux aux longues pattes.

défi 8

SUIVRE des soucis sans problèmes

Le souci est un papillon migrateur jaune infatigable qui volète en ce moment sur les bords de chemins. Il adore les fleurs de trèfle, de luzerne et autres légumineuses : à le voir tout le temps en mouvement, on comprend mieux le sens du verbe papillonner !

défi 10

VOIR des étoiles filantes

La nuit du 12 au 13 août 2024, assiste à la pluie de météores des Perséides. C'est le passage lointain de la comète 109P/Swift-Tuttle qui provoque ce phénomène céleste annuel dans son sillage.

+web salamandrejunior.org

Poste les photos de tes défis !

Conception : David Melbeck. Illustrations : Sébastien Touache. Photos : © dianamower (p. 8g), © hhelene (p. 8d), © Creaturart (p. 9m), © J. Fejkl (p. 9b) - Adobe, © marcouliana - iStock (p. 9h).

La guêpe une allure folle !

En cette fin d'été,
c'est le grand défilé des guêpes !
Les voilà qui tournent à vive allure
autour de nos assiettes...
C'est vrai que l'insecte est impressionnant,
avec son vol vrombissant et son élégant
costume zébré.

Mais la guêpe n'est pas si méchante :
il faut juste savoir l'admirer !
Car cette bête volante, qui travaille
sans relâche, a vraiment du style...
Dans son habit chic, elle enchaîne
les pirouettes avec grâce et crée
des œuvres magnifiques !

**Un dossier écrit par Cécile Couturier
et illustré par Marion Vandenbroucke**

Ordre : *hyménoptères*
Famille : *vespidés*
Taille : *0,2 à 3,5 cm (selon les espèces)*

Photo : © B. Plank/imBILDE.at - Adobe.

Modèles hauts en couleur

Les guêpes sont une grande famille : 8 000 espèces vivent chez nous. Voici des modèles bariolés, métalliques... tous originaux !

Poliste gaulois

Des pattes très longues tombant à l'arrière du corps, des antennes orange, un vol lent : c'est le poliste gaulois ! Son nid, plus petit qu'une main, se trouve dans les murs, les plantes ou les meubles.

1 guêpe sur 100

Les guêpes communes jaunes et noires qui piquent sont minoritaires : elles représentent 1 guêpe sur 100.

Guêpe commune

C'est la terreur des pique-niques ! Contrairement à l'abeille, elle peut piquer plusieurs fois, mais sa piqûre est moins douloureuse. On la reconnaît à la petite tache noire en forme d'ancre sur sa face jaune.

Guêpe germanique

Elle ressemble comme 2 gouttes d'eau à la guêpe commune, sauf qu'elle n'a pas de petite ancre sur la face. Elle aussi est souvent attirée par les terrasses, l'été.

Cynips

Elle ressemble à une minuscule mouche, mais c'est une guêpe… qui joue les parasites. La larve, végétarienne, commence sa vie dans une plante, où elle trouve abri et nourriture.

Chryside

Couleurs cuivre, or, vert émeraude, bleu, violet… Les reflets de la « guêpe-coucou » sont extraordinaires ! Il existe au moins 3 000 espèces de chrysides sur Terre…

Des prédateurs

La bondrée apivore est leur principal prédateur. Ce rapace peut suivre les guêpes en vol pour déterrer leur nid ! Le blaireau et le guêpier d'Europe n'hésitent pas non plus à les croquer.

Guêpe maçonne

On l'appelle aussi « guêpe potière » car elle fabrique des nids… en terre. Qu'ils aient la forme d'un tube ou d'un pot, ces nids sont privés : une seule larve par abri !

Ichneumon

L'aiguille XXL, au bout de l'abdomen, ne lui sert pas à piquer mais à pondre. Où ça ? Dans les insectes et les araignées ! Si une bête est cachée dans un tronc, l'ichneumon peut même percer l'écorce pour l'atteindre.

Un profil très stylé

À la campagne comme en ville, la guêpe affiche sa panoplie extravagante. En mode jaune et noir...

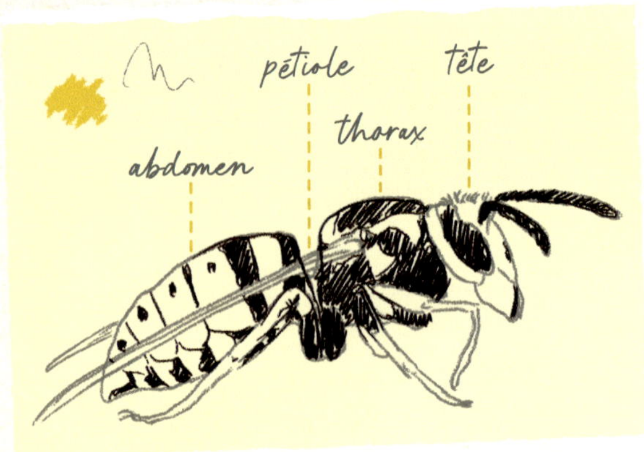

Taille ultra-fine

Le pétiole, entre le thorax et l'abdomen, est composé de 6 segments, rayés jaune vif et noir.

Aiguille rétractable

Chez la femelle, le dard venimeux est accroché à la pointe de l'abdomen. Après avoir piqué, elle le rentre... et le ressort pour une prochaine piqûre.

Ailes-dentelles

Ses ailes très fines sont la marque des hyménoptères. Ces deux paires d'ailes collées le long du corps au repos se superposent pendant le vol.

Fourrure légère

Ses poils l'aident à détecter les objets ou animaux présents dans l'environnement.

Lunettes à facettes

La guêpe a 3 petits yeux sur le haut de sa tête et 2 grands sur les côtés. Ils sont composés de facettes, comme des milliers de mini-yeux. Elle peut voir dans toutes les directions et même au-dessus d'elle !

Antennes mobiles

Avec ses antennes « hypersensibles », elle capte les odeurs. Son odorat est très développé.

Bouche affûtée

Avec ses solides mandibules, elle découpe, broie la nourriture, creuse la terre... Avec sa trompe, elle aspire le nectar des fleurs.

Grandes bottes

Ses trois paires de fines pattes jaunes, agrippantes et articulées, lui permettent de s'accrocher un peu partout, de marcher dans toutes les directions... et même la tête en bas !

Guêpe ou abeille ?

Elles se ressemblent... de loin ! Légèrement plus petite, l'abeille a des couleurs plus ternes : pas de jaune vif sur son abdomen et ses pattes, mais du brun-noir. Elle est aussi plus poilue.

Une reine dans son atelier

**En coulisses, la bande de guêpes s'affaire.
La reine et son cortège d'assistantes sont ultra-organisées !
Visite guidée d'un atelier hors du commun...**

Jus et fruits

Les guêpes se nourrissent de sucre et raffolent de celui des fruits ! Les ouvrières se chargent en plus de nourrir les larves, en mâchant des insectes qu'elles transforment en bouillie. Mais viande ou poisson peuvent aussi faire l'affaire ! Les menus de la guêpe sont variés : c'est pour cela qu'elle est naturellement attirée par nos repas d'été.

Nid haute couture

Le nid, appelé guêpier, est installé dans un ancien terrier, dans un creux d'arbre, sous un toit... Les guêpes mâchent des petits morceaux de bois, formant une sorte de pâte à papier parfaite pour la construction. Elles posent les étages les uns en dessous des autres. Cette création sphérique peut faire 30 cm de diamètre.

Pas folle, la guêpe !

Chasseuse hors pair, elle peut voler des proies aux araignées, chiper du miel aux abeilles... Elle peut aussi aspirer du nectar elle-même et participe alors à la pollinisation.

Chacune sa place !

À la tête de la colonie se trouve la seule femelle capable de se reproduire : la reine. À ses côtés, des milliers d'ouvrières (jusqu'à 10 000 !) travaillent sans relâche pour aller chercher la nourriture, nourrir les larves, entretenir et agrandir le nid. Et les mâles ? Ils viendront plus tard…

Esprit d'équipe

Pour communiquer entre elles, alerter les autres d'un danger ou demander du renfort, les guêpes sécrètent des substances chimiques. C'est pour cela que si l'on attaque l'une d'entre elles, on peut en voir plusieurs débarquer !

Pique et repique

La guêpe femelle ne pique que si l'on est près de son nid… ou si elle se sent menacée. Contrairement à l'abeille, elle n'en meurt pas.

Photos: © C. Bosch (p. 16h), © Stephane Vitzthum (p. 17b) - Biosphoto, © imageBROKER.com GmbH & Co. KG (p. 16m), © Ernie Janes (p. 16b) - Alamy, © M. Mierzejewski - Shutterstock (p. 17h).

Défilé sur quatre saisons

Au fil des mois, les ambiances évoluent et les chorégraphies changent… Que devient la reine ? Quand les mâles font-ils leur entrée ? Le show va commencer !

Les mâles en piste !

Quand l'été touche à sa fin, quelques œufs donnent des guêpes mâles. Ils ont les antennes très longues, pour mieux détecter les substances chimiques des femelles prêtes à se reproduire. Le couple se forme en septembre-octobre… puis le mâle meurt.

Sélection automne-hiver

Les ouvrières ne connaissent qu'une saison, puis meurent en début d'automne. Les seules femelles à survivre sont les futures reines…
Après la reproduction, elles se mettent en pause pour l'hiver. Où ça ? Dans le sol ou sous l'écorce d'un arbre.

Nouveauté du printemps

La nouvelle reine se réveille au printemps. Vite, elle va chercher un lieu accueillant et commence à construire son nid. Puis elle s'alimente avec des liquides sucrés. Ensuite, elle peut se mettre à pondre !

Places VIP

Les larves de futures reines, les gynes, ont droit aux meilleures places : les plus grandes cellules, situées en bas du nid !

Collection junior

Chaque œuf est déposé dans une cellule rien qu'à lui. C'est là qu'il va devenir larve, et que l'insecte va se développer jusqu'à l'âge adulte. Une fois que la guêpe est prête à voler, elle sort… Il y a une vie en dehors du guêpier !

+web salamandrejunior.org

Découvre les guêpes en vidéo !

MÉSANGE & MULOT

AH ! ALORS VOUS VOYEZ, VOUS AUSSI, ELLES VOUS EMBÊTENT !
DEPUIS LE TEMPS QUE JE VOUS DEMANDE DE FAIRE ENLEVER CE NID !
BONJOUR JEAN-MICHEL !
GASTON, FINIS TON ASSIETTE, JE REVIENS !
C'EST VRAI ÇA, POURQUOI ON NE DÉTRUIT PAS LE NID ? SOIT ELLES NOUS PIQUENT LE MELON, SOIT ELLES NOUS PIQUENT, NOUS !
SI TU NE VEUX PAS DE PIQÛRE, VAUT MIEUX PAS LES EMBÊTER. ET PUIS T'ES MÊME PAS ALLERGIQUE !
AH BON, COMMENT TU SAIS ?
ET QUI TE DIT QUE JE NE SUIS PAS DEVENU ALLERGIQUE, DEPUIS ?
LE MEILLEUR MOYEN DE LE SAVOIR, C'EST...
... DE TE FAIRE PIQUER !!

LA VOIE EST LIBRE !
BZZZ
PAPA !
TU MANGES DU MELON ? JE CROYAIS QUE TU CHASSAIS SURTOUT LES MOUCHES ET LES PAPILLONS ?
OUI, MAIS LA VIANDE EST RÉSERVÉE AUX LARVES DE LA REINE ! NOUS AUTRES, SIMPLES OUVRIÈRES, N'AVONS LE DROIT QU'AU SUCRE DES FLEURS ET DES FRUITS !
BZZ
?
HEU... J'AI ADORÉ DISCUTER AVEC TOI !
À PLUS !
... LA VIE D'UN NID DURE MOINS D'UN AN. C'EST NINA QUI M'A APPRIS ÇA. D'ICI UN MOIS OU DEUX, AVANT L'HIVER, TOUTE LA COLONIE MOURRA !
JE NE SUIS PAS SÛR QUE ÇA VAILLE LE COUP DE GRIMPER LÀ-HAUT JUSTE POUR...
AÏEUHEU !
... HEU, EXCUSE-MOI, JE REVIENS...

Scénario et illustrations : Aurélien Cantou.

ATTENTION, NE DÉCROCHE JAMAIS UN NID SANS UN(E) ADULTE ET VÉRIFIEZ BIEN QU'IL N'Y A PLUS DE GUÊPES DEDANS.

COUCOU ou

Identification

Embranchement : vertébrés

Classe : oiseaux

Ordre : cuculiformes

Taille : 32 à 36 cm

Envergure : 54 à 60 cm

Alimentation : vers, chenilles, mille-pattes, etc.

Habitat : partout (villes, bords de mer, forêts, montagnes, etc.)

PETIT COUCOU DEVIENDRA GROS

En 22 jours, le petit coucou passe de 2 à 90 grammes. Il ouvre le bec bien grand et se fait nourrir à la chaîne : son gosier orange vif est bien visible pour un parent oiseau. Il devient si gros qu'il déborde du nid.

Un look de rapace

La spécialité du coucou ? Pondre dans le nid des autres, et surtout dans celui des passereaux (petits oiseaux). La femelle coucou guette le moment où des parents s'éloignent et, en quelques secondes, elle gobe un œuf et le remplace par le sien qui sera ainsi couvé par un autre oiseau. Juste après sa naissance, l'oisillon coucou, nu et aveugle, commence à faire basculer les autres œufs par-dessus le nid : au revoir les faux frères et sœurs !

300 « coucou, coucou »

Le coucou gris ressemble à l'épervier et, grâce à ce faux air de rapace, les petits oiseaux sont moins susceptibles de venir l'agresser. Souvent, il se camoufle pour repérer ses proies, mais tu peux entendre son chant : « coucou, coucou », tu connais, non ? C'est ainsi que le mâle marque son territoire et appelle les femelles : il peut lâcher 25 coucous en trente secondes et l'enchaîner jusqu'à 300 fois !

ÉPERVIER ?

Identification

Embranchement : vertébrés

Classe : oiseaux

Ordre : accipitriformes

Taille : 29 à 41 cm

Envergure : 59 à 64 cm

Alimentation : petits oiseaux (passereaux)

Habitat : campagne boisée, forêts, parfois villes

C'EST QUI LA PLUS GRANDE ?

La femelle épervier est nettement plus imposante que le mâle : en s'aidant de ses longues serres, elle capture donc des proies plus lourdes, qu'elle n'hésite pas à poursuivre dans la végétation. C'est elle qui s'implique le plus dans la construction du nid.

Chasseur de passereaux

L'épervier d'Europe est l'un des plus petits rapaces diurnes du continent. C'est un spécialiste de la chasse aux passereaux qu'il surprend en plein vol (mésange, rougegorge, hirondelle, pinson…). Si les mâles se postent sur un arbre pour chasser, leurs compagnes, elles, peuvent opérer à ras du sol et s'attaquent même aux pigeons. Cet oiseau n'a pas peur de vivre près de l'homme tant qu'il y trouve à manger.

Vive les montagnes russes !

En vol, l'épervier est le roi des pirouettes : un coup d'aile pour remonter, un vol plané pour redescendre, il peut même manœuvrer entre les branches ! C'est au cours de ces parades aériennes que les couples se forment. La femelle couve ensuite ses œufs en lisière de forêt. Les petits prendront leur envol début août tandis que leurs parents se sépareront : le couple ne dure qu'une saison.

Photos : © Wilfred (p. 24), © dennisjacobsen (p. 25) - Adobe.

+web salamandrejunior.org

Apprends à les différencier en vidéo.

AMÉLIE CHRÉTIEN

Le monde à l'envers des chauves-souris

Les chauves-souris sont mystérieuses et pourtant si proches de nous… Beaucoup plus que tu ne le penses. Amélie te décrit l'univers de ces animaux incroyables.

Âge
31 ans

Métier
Chiroptérologue

employeur
Muséum d'histoire naturelle de Bourges

Ses missions ?

✓ **Sensibiliser** le grand public sur les chauves-souris

✓ **Protéger** les chauves-souris et les soigner quand elles sont blessées

lieu
Bourges (France)

info
museum-bourges.net

Pour vous, la chauve-souris est un animal ex-tra-or-di-nai-re. Pourquoi ?

La chauve-souris vit dans un monde à l'envers ! Elle sort la nuit et dort le jour avec la tête en bas. Pour s'orienter et chasser dans le noir, ELLE UTILISE SON SONAR avec sa bouche, son nez. Et nous avons encore tant de choses à découvrir.

En quoi consiste votre travail au muséum de Bourges ?

Je protège les chauves-souris en sensibilisant le grand public. Beaucoup de personnes les connaissent mal et en ont peur. Je m'occupe aussi de gérer un centre de soins pour CHAUVES-SOURIS BLESSÉES.

Pourquoi la chauve-souris dort-elle la tête à l'envers ?

POUR NE PAS DÉPENSER D'ÉNERGIE ! Grâce au poids de son corps, ses pattes se bloquent automatiquement quand elle se suspend. Pour décoller, elle n'a qu'à se lâcher en battant des ailes. Et hop, c'est parti !

C'est quoi, les chauves-souris « anthropophiles » ?

Ces chauves-souris vivent **TOUT PRÈS DE NOUS.**
Elles habitent nos greniers, nos granges... C'est le cas de la pipistrelle et de la sérotine. Elles s'habituent à notre présence, mais cela ne veut pas dire qu'elles n'ont pas peur. Il ne faut pas les déranger.

Est-ce qu'avoir une chauve-souris chez soi est un problème ?

Au contraire ! La pipistrelle, par exemple, consomme principalement des **MOUSTIQUES** et chasse tout autour de son gîte.
C'est comme si l'on accueillait chez nous un insecticide naturel.

Chauve-qui-peut !

Des chauves-souris blessées ? Pas de panique ! Demande à un adulte d'appeler le refuge le plus proche.

Pour savoir quoi faire
sfepm.org/operation-refuge-pour-les-chauves-souris.html

3 idées reçues... ou presque !

1 Les chauves-souris sucent du sang Vrai !

Mais pas en Europe ! La chauve-souris vampire vit en Amérique centrale et en Amérique du Sud.
Elle se nourrit du sang d'animaux sauvages. Celles qui vivent chez nous préfèrent principalement les insectes.

3 Les chauves-souris sont aveugles Faux !

Elles voient mieux que nous ! Mais elles utilisent surtout l'écholocalisation : elles émettent des ultrasons pour localiser leurs proies et les obstacles.

2 Les chauves-souris s'emmêlent dans nos cheveux Faux !

Il y a bien longtemps, on racontait aux jeunes filles qu'il ne fallait pas sortir la nuit... sinon des chauves-souris allaient se prendre dans leurs cheveux. Ce n'était qu'une histoire pour faire peur.

+web nuitdelachauvesouris.com

Participe aux Nuits de la chauve-souris les 24 et 25 août 2024.

Une nuit EN COLONIE

QUI EST QUI ?

RETROUVE GABIN ET JULIETTE.
IL A UN T-SHIRT VERT ET DES BASKETS BLANCHES. ELLE A TRÈS ENVIE DE MANGER UNE GUIMAUVE ET PORTE UN BANDEAU.

PETITS VAMPIRES

RETROUVE LES NOMS DES DIFFÉRENTES ESPÈCES DE CHAUVES-SOURIS DANS LA GRILLE.

PIPISTRELLE · SÉROTINE · RHINOLOPHE · BARBASTELLE · OREILLARD · MURIN · NOCTULE

E	L	U	T	C	O	N	C	Y	V	Z
E	H	P	O	L	O	N	I	H	R	W
P	I	P	I	S	T	R	E	L	L	E
S	E	R	O	T	I	N	E	O	C	K
E	O	K	J	A	K	C	V	Z	N	S
I	D	R	A	L	L	I	E	R	O	D
B	A	R	B	A	S	T	E	L	L	E
P	V	S	U	X	M	U	R	I	N	E
D	C	I	N	R	F	E	L	F	Z	M

OBSERVATION NOCTURNE

LUCIE, LA MONITRICE, ORGANISE UN ATELIER POUR FAIRE DÉCOUVRIR LES CHAUVES-SOURIS DU COIN. REGARDE DANS LE CIEL, ELLES VONT TOUTES PAR PAIRE, SAUF UNE : LAQUELLE ?

BON APPÉTIT

LES CHAUVES-SOURIS CHASSENT DES MOUSTIQUES. ELLES VEULENT EN MANGER 3 CHACUNE. Y A-T-IL ASSEZ DE MOUSTIQUES DANS L'IMAGE ?

L'INTRUS

QUEL ANIMAL N'EST PAS DANS CETTE IMAGE ?

- ☐ LE RENARD
- ☐ LE CERF
- ☐ LE HIBOU
- ☐ LE CHEVREUIL

Illustration : Loïc Méhée.

SOLUTIONS P. 32

La p'tite Poste d'août 2024

OLIVIA
9 ans
Suisse

Salut Sam,
Pourquoi certains animaux n'ont pas de colonne vertébrale ?

Lancy
LÉON ET ROMAN
9 ans
Genève

Bonjour Sam,
On a vu ce scarabée sur un compost. On se demandait si les petites bêtes qui le recouvraient étaient ses petits ou des parasites ?

Hello Olivia,

Les animaux qui n'ont pas de colonne vertébrale sont les invertébrés. Ce sont essentiellement des p'tites bêtes (fourmis, escargots, araignées...) ou des animaux aquatiques (méduses, pieuvres...). Ces animaux n'en ont pas besoin pour survivre. Ils se sont adaptés au cours de l'évolution en développant d'autres moyens de supporter leur poids, de se déplacer...
Les insectes ont un exosquelette : un squelette externe, qui protège leur corps. Les mollusques ont une coquille. Les crustacés se sont équipés d'une carapace solide. La nature est bien faite, et elle est très diversifiée.

Salut Léon et Roman,

Ce beau scarabée vert métallisé, c'est la cétoine dorée. On la voit souvent dans le compost car elle y pond ses œufs. Mais ce ne sont pas ses petits que l'on voit sur la photo. Ni même des parasites, rassure-toi !
C'est une bande d'acariens qui utilise la cétoine comme un taxi. Elle, elle peut voler : pratique pour se déplacer plus loin et plus vite ! C'est l'occasion pour eux d'atterrir dans de nouveaux endroits, avec peut-être plus de nourriture et moins de prédateurs. Mais là, ils exagèrent un peu : ils sont très nombreux !

Je réponds à tout le monde !

Toi aussi, écris-moi !

Si tu veux me poser une question ou partager une photo, écris-moi sur la rubrique Forum de notre site. Tu peux aussi m'envoyer un mail ou un courrier. Si ton message est publié, tu seras récompensé par un cadeau surprise !

France et Belgique
Salamandre Junior
34, boulevard Lazare-Carnot
31000 Toulouse

Suisse
Salamandre Junior
Rue du Musée 4
2000 Neuchâtel

Par mail samjunior@salamandre.org

La Gacilly
BLEUENN
11 ans
Morbihan

Bonjour Sam,
J'ai vu un orvet coupé en deux,
va-t-il survivre ?

Bonjour Bleuenn,

Si l'orvet que tu as vu a juste perdu sa queue, il survivra, car comme tous les lézards, il peut s'en séparer. Eh oui, l'orvet n'est pas un serpent ! C'est un lézard… sans pattes. Il les a perdues au fur et à mesure de son évolution il y a des millions d'années.
Face à un prédateur, les lézards peuvent contracter très fort leurs muscles et détacher leur queue. Un bon moyen de s'échapper ! Ensuite, un moignon repoussera. En revanche, si l'orvet a été coupé en deux, par exemple par une tondeuse, à un autre endroit de son corps, il ne survivra pas.

Le Mans
PAUL
10 ans
Sarthe

Salut Sam,
Peux-tu me dire
où dorment les oiseaux ?

Coucou Paul,

Cela dépend des espèces d'oiseaux, des saisons et des milieux naturels. Beaucoup d'oiseaux trouvent refuge dans les arbres et les buissons (sur les branches, dans le feuillage), mais aussi dans des cavités ou même des bâtiments pour se protéger des prédateurs et des intempéries.
Les oiseaux qui couvent dorment dans leur nid, jusqu'à ce que les oisillons s'envolent.
Et les oiseaux aquatiques, comme le canard ou le cygne, roupillent sur les berges ou les îlots au milieu des rivières ou des étangs, et parfois même sur l'eau !

Photo : © Valentina Moraru - Shutterstock (p. 31).

Délai concours : 21 septembre

Imagine et dessine un oiseau aux motifs aussi beaux que l'étourneau.

Format maximal : 21 x 30 cm

Le 2 octobre, va vite voir si tu fais partie des gagnants !

Tu peux poster directement ton dessin sur la rubrique Concours de notre site. C'est plus simple et rapide ! Ou me l'envoyer par mail à samjunior@salamandre.org ou par courrier en indiquant tes nom, prénom, âge et adresse.

+web salamandrejunior.org

Nous on aime

OUVRE L'ŒIL *Album*

Coton, lin, caoutchouc, chêne-liège, céramique… la nature est partout autour de toi ! Dans ta chambre, le salon, la salle-de-bains, ton école, il y a des quantités d'objets fabriqués à partir de ressources naturelles. Un grand livre-jeu qui te permet de mener l'enquête.

DÈS 8 ANS

La nature est tout autour de toi, 2024, Plume de Carotte

JARDINER ET RIGOLER *Podcast*

Un podcast qui donne envie de jardiner ! On retrouve Marius, 8 ans, avec Louis, le papy jardinier, et Juliette, sa maman journaliste. Dans cet épisode, on apprend comment pincer les melons mais aussi que ces cucurbitacées existaient déjà du temps des pharaons égyptiens.

DÈS 7 ANS

« Savez-vous planter les choux ? » Les melons, Billy The Cast

RATS ADORÉS *Album documentaire*

Un très joli livre documentaire pour apprendre à mieux connaître ce petit rongeur mal aimé, capable de creuser un mur en béton, de se reproduire à la vitesse de l'éclair ou de nager comme un champion olympique !

DÈS 8 ANS

La Vie mystérieuse des rats, mai 2024, Actes Sud Junior

SOLUTIONS des jeux

Pages 28-29

PETITS VAMPIRES

E	L	U	T	C	O	N	C	Y	V	Z
E	H	P	O	L	O	N	I	H	R	W
P	I	P	I	S	T	R	E	L	L	E
S	E	R	O	T	I	N	E	O	C	K
E	O	K	J	A	K	C	V	Z	N	S
I	D	R	A	L	L	I	E	R	O	D
B	A	R	B	A	S	T	E	L	L	E
P	V	S	U	X	M	U	R	I	N	E
D	C	I	N	R	F	E	L	F	Z	M

BON APPÉTIT
OUI. IL Y A 34 MOUSTIQUES ET 9 CHAUVES-SOURIS.

L'INTRUS
LE CERF

Une nuit en colonie

L'INFO DU MOMENT

Festival pyrénéen de l'image nature

Du 26 au 29 septembre, rendez-vous à Cauterets, dans les Pyrénées pour rencontrer les photographes et les réalisateurs d'images nature. Les élèves sont invités à participer à un super-concours photo sur « le monde minéral ». Cristaux, cailloux... ça te donne des idées ?

image-nature-montagne.com

LA STORY DU MOMENT

Buffet à volonté !

« Scrountch, scrountch... » Qu'il est bon de se remplir le ventre pendant l'été ! La marmotte, quasi végétarienne, se gave de trèfles des Alpes ou de pissenlits. Elle peut ingurgiter jusqu'à 1,5 kilo de nourriture par jour pour préparer son hibernation.

Photo : © JL. Klein & ML. Hubert - Naturagency.

salamandre 8-12 ans JUNIOR

N° 155 Août - septembre 2024
26e année, bimestriel

Adresse Suisse
Salamandre Junior
Rue du Musée 4, 2000 Neuchâtel
Tél. : 032 710 08 25
info@salamandrejunior.org

Adresse France
Service Abonnement Salamandre
20 rue Rouget-de-Lisle
92130 Issy-les-Moulineaux
Tél. : 01 86 70 01 74
serviceclient@salamandre.org

Adresse Belgique et Luxembourg
Salamandre Junior / Forêt.Nature asbl
Rue de la Plaine, 9
B-6900 Marche-en-Famenne
Tél. : 084 313 116
info@salamandrebelux.org

Directeur de la publication *Julien Perrot*
Rédactrice en chef *Agnès Barber*
1res secrétaires de rédaction *Émilie Teixeira, Sandra Laboucarie*
1re rédactrice graphiste *Pauline Maury*
Graphistes *Laura Sevennes, Sylvaine Collart*
Conseillers scientifiques *Juliette Sirand, Théo Tzélépoglou*
Conseillères pédagogiques *Vanessa Aleyrangues, Marie-Pierre Visentin*
Correctrice *Marie Chouteau*
Illustrateur mascotte *Éric Gasté*
Co-directeur *Baptiste Pfeiffer*
Promotion et partenariats *Vanessa Grémaux, Jessica Maroulis, Charlotte Grimm, Hélène Huyghe, Silvia D'Angelo, Lionel Beutler*
Abonnements et administration *Mélanie Schafter Contini, Elsa Zilio Mathieu Reber, Martine Moulin, Vincent Palivoda, David Tensi*
Imprimeur *L'Imprimeur Simon (France) ZI rue Noirichaud, 25290 Ornans*
Salamandre Junior *(encart compris) est imprimée avec des encres sans COV. Papier Symbol Freelife silk, origine Italie, 50 % de fibres recyclées, eutrophisation (P tot) 0,0046 kg/T. Loi n° 49-956 du 16 juillet 1949 sur les publications destinées à la jeunesse.*

IMPRIM'VERT®

FSC www.fsc.org MIXTE Papier issu de sources responsables FSC® C041192

salamandre
Les éditions de La Salamandre Sàrl
Adresse Suisse
Rue du Musée 4, 2000 Neuchâtel
Adresse France
BP 75 - ZI rue Noirichaud
25290 Ornans
Dépôt légal à parution
N° ISSN 2297-5055
N° CPPAP 0924 K 82513

BOUTIQUE SALAMANDRE

INSECTORAMA

DÈS 8 ANS

Sais-tu que certains insectes migrent de l'hémisphère nord à l'hémisphère sud ? Et que le plus grand coléoptère du monde, le dynaste hercule, mesure 17 cm ? Avec ce livre, perce les mystères des insectes !

Format : 18 x 25 cm, 224 pages - Un livre Helvetiq

HAPPY BEE

DÈS 8 ANS

Printemps, fleurs, abeilles, tout est là pour polliniser les lavandes, les tilleuls ou les acacias. Dans *Happy Bee*, collectionne les cartes fleurs et choisis bien les abeilles que tu vas jouer. Car tu laisses les autres à ton voisin...

Durée de la partie : 15 min, de 3 à 6 joueurs
Un jeu Salamandre et Helvetiq

PUZZLE - LES INSECTES

DÈS 7 ANS

Génial ! Voici un grand puzzle moderne et coloré de 500 pièces pour apprendre à reconnaître tous les insectes : mouche, gendarme, scarabée, mante, abeille...

Format : 46,2 x 32,6 cm
Ce coffret contient un puzzle éducatif cartonné et un poster au format du puzzle.
Un jeu Poppik

En famille

LE GUIDE NATURE - LES PETITES BÊTES

Du vieux mur au fond du jardin, à l'étang forestier, en passant par la friche ensoleillée... Entre dans le monde passionnant des insectes, des araignées et autres invertébrés avec ce guide plein d'infos.

Format : 14 x 18,5 cm, 228 pages - Un livre Salamandre

salamandre

Prix et conditions de vente de ces produits sur le bulletin de commande ci-contre ou sur **boutique.salamandre.org**